A2.1

Panique à la ferme !

Nicolas Gerrier

Direction éditoriale : Béatrice Rego
Marketing : Thierry Lucas
Édition : Aude Benkaki
Couverture et conception maquette : Dagmar
Mise en page : AMG
Illustrations : Conrado Giusti

ISBN: 978-209-038476-5

Avda. de los Artesanos, 6
28760 Tres Cantos - Madrid

ISBN: 978-84-904-9350-2

Dépôt légal: mars 2019

DÉCOUVRIR

1. Devine...

Lis le titre et regarde les illustrations du livre, puis réponds aux questions.

a. L'histoire se passe-t-elle en ville ou à la campagne ?
b. Les personnages principaux sont-ils des adultes, des adolescents ou des personnes âgées ?
c. Peux-tu deviner d'autres éléments de l'histoire ?

2. Imagine...

a. Une partie de l'histoire se passe dans une ferme appelée *Les jardins bio*.
À ton avis, quelle est l'activité de cette ferme ?
b. Un personnage de l'histoire veut devenir commissaire de police. À ton avis, quelle qualité faut-il pour mener une enquête ?
c. Dans cette histoire, des personnes de la même famille travaillent ensemble. À ton avis, est-ce facile ou difficile de travailler en famille ?

3. À ton avis...

L'histoire se passe dans le sud-ouest de la France.
À ton avis, tu vas y trouver...

a. des bananes ou des melons ?
b. un chien ou un éléphant ?
c. un scooter ou une motoneige ?
d. une île déserte ou une plage ?

PERSONNAGES

Gaspard
Il a 16 ans et travaille dans la ferme de son oncle et sa tante.

Marine et Amélie
Ce sont les cousines de Gaspard. Elles ont 20 ans et 16 ans.

Aude et Éric Laterre
La tante et l'oncle de Gaspard.
Leur ferme s'appelle *Les jardins bio.*

Zoé
C'est une amie d'Amélie. Elle trouve Gaspard très mignon.

Le directeur du supermarché et Molosse
Attention, maître et chien méchants !

CHAPITRE **1**
Au marché

– Ils sont beaux mes melons ! Goûtez, madame.

– Hum… excellent ! C'est mon fruit préféré.

– Ah non, madame, le melon n'est pas un fruit, mais un légume. Il est de la famille des **potirons** et des **concombres**.

– Eh bien, on apprend toute sa vie… même à mon âge. Ils coûtent combien ?

– Trois euros pièce, cinq euros les deux et aujourd'hui, seulement aujourd'hui et seulement pour vous, neuf euros les quatre ! C'est donné pour les meilleurs melons bio de toute la région !

La dame sourit et achète quatre melons. Gaspard est heureux : ses affaires marchent bien !

Gaspard a seize ans. Il habite à Strasbourg dans l'est de la France. Mais, en ce moment, il passe les vacances d'été à Benon, un petit village de Nouvelle-Aquitaine, une région du sud-ouest. Il travaille pendant un mois chez son oncle et sa tante, Éric et

un potiron : *un légume qui ressemble à une citrouille, symbole de la fête d'Halloween.*
un concombre : *un légume vert de forme allongée qu'on mange en salade.*

Aude Laterre. Ils sont **agriculteurs bio** et cultivent de nombreux légumes. Le melon, par exemple, est la star de la ferme.

Gaspard et ses deux cousines, Amélie et Marine, vendent les légumes de la ferme sur les marchés. C'est beaucoup de travail. **Il faut** se lever très tôt les jours de marché et, au mois de juillet, il y a tous les jours un marché dans la région ! Aujourd'hui, ils sont à La Rochelle. Il y a beaucoup de touristes et les allées sont pleines.

Le stand d'Amélie et Marine est situé à une bonne place. Gaspard, lui, stationne son *vélo-melon*, à quelques mètres de là. Le *vélo-melon* est son idée. C'est un vélo qui tire une petite caravane toute ronde en forme de melon. Il est décoré avec des ballons oranges et verts. Les enfants le trouvent amusant et veulent tous un ballon. Gaspard leur donne un ballon avec un grand sourire et les parents achètent des melons : comme ça, tout le monde est content !

À midi, tous les melons sont vendus. Gaspard retrouve ses deux cousines.

– Ça va, les filles ? Je vous présente le meilleur vendeur du monde : Gaspard !

un agriculteur : *une personne qui travaille la terre pour produire des végétaux.*
bio : *qui respecte la nature (abréviation de biologique).*
il faut : *il est nécessaire de.*

Gaspard, lui, stationne son *vélo-melon*, à quelques mètres de là.

– Bravo ! répond Marine. Super-vendeur ne veut pas travailler à la ferme toute l'année ? On est une bonne équipe, non ?

Gaspard est content du compliment. Mais ses projets pour les prochaines années sont déjà faits : le bac dans deux ans, des études de droit ensuite, puis l'École Nationale Supérieure de la Police pour réaliser son rêve, être commissaire de police ! Marine, elle, vient d'avoir vingt ans. Elle est étudiante à l'École Supérieure d'Agricultures d'Angers. Amélie a seize ans et « encore du temps pour choisir sa vie », comme elle dit toujours.

Les trois jeunes sont en train de ranger le stand quand une jeune fille interpelle Gaspard :

– Bonjour, je suis Zoé, une amie d'Amélie, et toi, qui es-tu ?

Zoé embrasse Gaspard sur les deux joues. Le visage du jeune homme devient tout rouge.

– Je..., répond Gaspard sans pouvoir dire autre chose.

– C'est Gaspard, notre cousin alsacien, dit Marine. Il est déjà venu, tu ne le reconnais pas ?

– Gaspard ? Le petit Gaspard ? On grandit vite dans l'est de la France. Mais il ne parle pas ? Je suis

Zoé embrasse Gaspard sur les deux joues.
Le visage du jeune homme devient tout rouge.

pressée, mais on va se revoir, n'est-ce pas Gaspard ? À plus tard.

Zoé s'éloigne. Gaspard lui fait un signe de la main et la suit des yeux. Ses deux cousines se moquent de lui :

– Hé bien, **c'est le coup de foudre** ! Le meilleur vendeur du monde est bien timide tout à coup.

– Elle… est… sympa, je… .

Le retour dans la camionnette est joyeux. Les trois cousins chantent très fort les chansons de la radio.

c'est le coup de foudre : *tu es tombé amoureux en un instant.*

Il fait beau et ils vont aller se baigner dans la mer cet après-midi : la vie est belle !

Après vingt minutes de route, ils arrivent à la ferme *Les jardins bio*. Gaspard saute de la camionnette et crie :

– Mission accomplie, tous les melons sont vendus !

La voix lointaine d'Éric lui répond :

– C'est une catastrophe, venez vite !

Les trois jeunes aperçoivent Éric et Aude devant un des champs de melons. Ils courent jusqu'à eux. Les deux agriculteurs sont désespérés. Le champ est couvert de petites bêtes grises. Les melons et les feuilles sont très **abîmés**.

– Qu'est-ce que c'est ? demande Gaspard.

– Je ne sais pas. Ces sales bêtes ont mangé la moitié du champ dans la nuit, dit Éric. La **récolte** est perdue !

– D'où elles viennent ? demande Marine. Je n'ai jamais vu ces insectes.

– Quelqu'un les a **mises exprès**. Qui veut **détruire** notre récolte et notre ferme ?

abîmé : *dans un mauvais état.*
la récolte : *l'ensemble des produits de la ferme.*
mettre exprès : *faire quelque chose avec un but précis.*
détruire : *faire disparaître.*

COMPRENDRE

1. Entoure la bonne réponse.

a. Gaspard habite à **Paris – Strasbourg – Benon**.

b. Gaspard vend des **melons – potirons – concombres**.

c. La grande idée de Gaspard, c'est **la *voiture-melon* – la *moto-melon* – le *vélo-melon***.

d. Plus tard, Gaspard veut être **agriculteur – commissaire – vendeur de légumes**.

e. Zoé est **une amie – la cousine – la sœur** d'Amélie.

2. Qui dit quoi ?

Trouve qui dit les phrases suivantes et explique pourquoi il/elle dit cela.

a. Ils sont beaux mes melons ! ....

b. On est une bonne équipe, non ? ....

c. On va se revoir, n'est-ce pas Gaspard ? ....

d. C'est une catastrophe, venez vite ! ....

3. Complète.

Complète le résumé de l'histoire avec les mots :

vie – catastrophe – vacances – cousine – ferme – bêtes

Gaspard passe les .... à Benon. Il vend des melons de la .... . Au marché, il rencontre Zoé, une amie de sa .... . C'est la belle .... . Mais à la ferme, c'est la ...., des sales .... ont mangé les melons !

4. Réponds.

Quelle question pose Éric à la fin du chapitre ? Pourquoi ?

Ce sont des punaises diaboliques.

CHAPITRE

2 C'est le voisin ?

– Ce sont des **punaises** diaboliques, dit Aude. Elles ne sont pas dangereuses pour l'homme, mais elles peuvent détruire un champ en quelques heures ! Heureusement, il y a une solution ! On va vite **traiter** le champ. C'est un traitement naturel bien sûr, nous n'utilisons jamais de produits chimiques. Mais il faut trouver d'où viennent ces insectes.

Éric a son idée : de chez le voisin ! Bertrand Pila et lui ne se parlent plus depuis trois ans pour des histoires de vente de terrains.

– Il veut être le seul producteur de melons de Benon. Mais les miens sont plus beaux que les siens. Alors, il veut les détruire. Je vais régler cela tout de suite.

Aude essaye de calmer son mari. Mais Éric est furieux. Il monte dans sa voiture et quitte la ferme.

– Il faut y aller aussi, dit Aude, sinon...

Gaspard, ses cousines et sa tante prennent la camionnette. Ils arrivent vite chez les Pila, leur maison est seulement à cinq cents mètres.

une punaise : *un insecte de forme plate, qui sent très mauvais.*
traiter : *mettre un produit.*

Éric est dans la cour et crie comme un fou :

– Sors de chez toi si tu es un homme !

Bertrand Pila apparaît. Sa fille est derrière lui. Gaspard reconnaît tout de suite la jeune fille : c'est Zoé !

– **Ça ne va pas la tête ?** crie Bertrand Pila. Tu es devenu fou ?

– C'est toi le fou, tu veux détruire ma récolte.

Éric saute sur son voisin. Il est plus grand que lui, mais Bertrand Pila est plus musclé. Ils se donnent de grands coups avec leurs mains. Gaspard et les filles réussissent à séparer les deux hommes. Pendant deux minutes, tout le monde crie et la situation est **confuse**. Puis, des coups de klaxon retentissent dans la cour de la ferme et tout le monde se tait.

– Vous allez vous calmer ! crie Aude en descendant de la camionnette.

– C'est lui qui a commencé, dit Bertrand Pila, comme un petit garçon.

– Moi ? C'est toi avec tes punaises qui…

– STOOOOP !

Aude demande aux deux hommes d'arrêter de se conduire comme des enfants et de s'expliquer. Éric raconte et **accuse** Bertrand Pila.

ça ne va pas la tête ? : *Qu'est-ce qui t'arrive ?*
confus *≠ clair.*
accuser : *présenter comme responsable.*

Éric est dans la cour et crie comme un fou.

– Je ne suis pas si bête, se défend Bertrand Pila. Les punaises volent, je ne veux pas les voir arriver chez moi. Il y a d'autres moyens plus simples pour détruire une récolte.

Éric ne sait plus quoi penser. À ce moment-là, une vieille voiture entre dans la ferme. Elle s'arrête brusquement et une femme en sort :

– C'est la catastrophe ! dit-elle.

C'est Nathalie Pila, la femme de Bertrand. Un des champs est plein d'insectes. Ils ont déjà mangé la moitié des melons. Elle a un des insectes dans une petite boîte : c'est aussi une punaise diabolique...

***

Deux heures plus tard, tout le monde se retrouve à la ferme *Les jardins bio*. L'heure est grave et l'après-midi de repos des jeunes est oublié.

Éric, Bertrand, Aude et Nathalie discutent dans la grande cuisine. Marine, en tant qu'**aînée** et future agricultrice, est avec eux. Gaspard, Amélie et Zoé sont installés dans le jardin.

– Ce qui est bien, dit Zoé, c'est que nos pères se reparlent enfin normalement.

– C'est vrai, dit Amélie, mais c'est terrible. Si l'invasion continue, que va-t-on devenir ? Vous

l'aînée : *la fille la plus âgée de la famille.*

croyez que c'est une invasion naturelle ou que quelqu'un est responsable ?

– Les punaises ne sont pas arrivées toutes seules dit Gaspard. Mais qui veut s'attaquer à deux agriculteurs ?

– C'est une enquête pour toi, Gaspard, dit Amélie, tu veux être commissaire, non ?

Gaspard regarde Zoé. En général, les filles trouvent souvent cette idée étrange. Comment va-t-elle réagir ?

– C'est cool, dit Zoé. Amélie a raison, il faut trouver d'où viennent ces punaises, sinon l'histoire va mal se terminer. Ce sera ta première enquête.

COMPRENDRE

1. Vrai ou Faux ?

V F

a. Aude pense que les petites bêtes sont des punaises diaboliques.

b. Aude n'a pas de solution contre les punaises.

c. Pour Éric, les insectes viennent de chez son voisin.

d. Il y a aussi des insectes dans les champs de Bertrand Pila.

e. Les pères de Zoé et Marine ne veulent pas se parler.

f. Zoé veut commencer l'enquête avec Gaspard.

2. Retrouve l'ordre des phrases.

a. Amélie, Zoé et Gaspard parlent ensemble dans le jardin.

b. Aude a un traitement contre les punaises.

c. Aude klaxonne pour arrêter les deux hommes qui se donnent des coups.

d. Éric va en voiture chez son voisin.

3. Entoure la bonne réponse.

a. La maison de Bertrand Pila est à 500 **mètres - kilomètres** de la ferme *Les jardins bio*.

b. Chez les Pila, tout le monde crie pendant deux **heures - minutes**.

c. Tout le monde se retrouve à la ferme deux **jours – heures** plus tard.

d. Zoé trouve que c'est **cool – idiot** de devenir commissaire.

CHAPITRE

3 Des punaises... alsaciennes ?

– Les punaises ne sont pas arrivées toutes seules. Soit c'est un accident, soit c'est un acte criminel.

Amélie et Zoé écoutent Gaspard avec attention. Il continue :

– On apprend sur Internet que les punaises diaboliques sont **originaires** d'Asie et d'Amérique.

– Il y a une **jardinerie** à vingt kilomètres d'ici, dit Zoé. Ma mère achète souvent des fleurs et des plantes pour le jardin. Ils vendent des plantes du monde entier.

– Excellent ! Elles viennent peut-être de là. On y va comment ?

– J'ai mon scooter, dit Zoé. Mais il n'a que deux places.

Zoé sourit à Gaspard qui essaye de ne pas rougir.

– J'ai compris, dit Amélie. J'ai du travail à faire ici de toute façon.

Gaspard s'installe à l'arrière du scooter. Il se tient à Zoé pour ne pas tomber et aussi parce que c'est bien agréable.

originaire : *venir de...*
une jardinerie : *un magasin qui vend des articles pour le jardin.*

Une demi-heure plus tard, les deux jeunes gens arrivent sur le grand parking du magasin TOUVERT. Ils parcourent les allées et arrivent dans **le rayon des produits d'entretien** des jardins.

– Je peux vous aider ? leur demande un vendeur.

– Nous cherchons un produit contre les punaises diaboliques, dit Zoé.

Le vendeur s'excuse : il est nouveau et n'a jamais entendu parler de ces insectes. Il leur conseille de prendre un produit qui tue tous les insectes. Quand il s'éloigne, Gaspard dit à Zoé :

– Laisse-moi faire la prochaine fois, tu n'as pas posé la bonne question.

– Oh, désolé, commissaire…

Ils vont ensuite dans le rayon des fleurs. La conversation d'un vendeur au téléphone attire l'attention de Gaspard :

– … attention aux punaises cette fois-ci… Je ne sais plus… j'ai oublié le nom… maléfiques ou magiques ou…

– diaboliques ! crie Gaspard.

Le vendeur le regarde d'un air étonné et met fin à son coup de téléphone.

le rayon des produits d'entretien : *la partie où il y a les produits pour garder les jardins en bon état.*

Les deux jeunes gens arrivent sur le grand parking du magasin TOUVERT.

– Désolé, dit Gaspard, on prépare un travail sur les punaises diaboliques pour le cours de **SVT**.

– Un travail au mois de juillet ? Sur les punaises diaboliques ?

Zoé sourit : Gaspard ne sait pas mentir. La jeune fille dit alors :

– En fait, on a découvert des punaises diaboliques dans notre jardin. On cherche comment elles ont pu y arriver.

– Pas de chez nous, j'espère. On fait très attention. J'ai refusé, il y a dix mois, des sapins d'Alsace à cause de ces punaises. Mais le problème est termi…

Gaspard n'écoute pas la fin de la phrase et entraîne Zoé à toute vitesse en dehors du magasin.

– Que se passe-t-il ? demande la jeune fille, une fois à l'extérieur.

– L'Alsace ! Je suis arrivé il y a dix jours de Strasbourg !

– Mais tu n'es pas venu avec un sapin sous le bras ?

Gaspard ne veut pas rire : il y avait peut-être des punaises dans ses valises ou …

– Oh, non ! J'ai apporté des roses de Noël à Aude de la part de ma mère ! Vite, il faut retourner à la ferme.

SVT : *Sciences de la vie et de la terre.*

À la ferme *Les jardins bio*, Gaspard saute du scooter et se précipite dans sa chambre. Il cherche dans ses affaires : pas de trace de punaises. Il crie dans toute la maison :

– Aude, Aude !

Sa tante est dans le jardin. Elle lui montre où elle a planté les roses. Gaspard enlève la terre tout autour avec l'aide de Zoé. Aude et ses filles les regardent sans comprendre. Là non plus, il n'y a aucune trace de punaise : fausse alerte.

Gaspard est soulagé parce que ce n'est pas lui le coupable !

– Vous faites quoi ? demande Aude.

Quand Gaspard a fini son explication, sa tante dit :

– Merci de bien replanter les roses !

Amélie et Marine leur annoncent une mauvaise nouvelle : leur père a trouvé des punaises dans un nouveau champ à trois kilomètres de là. Le problème devient de plus en plus grave.

– L'enquête continue, commissaire, dit Zoé.

COMPRENDRE

1. Relie les deux parties de la phrase.

a. Zoé et Gaspard vont au magasin en •	• 1. téléphone
b. Gaspard écoute un vendeur qui est au •	• 2. d'Alsace
c. Les punaises viennent peut-être •	• 3. les roses
d. Maintenant, Gaspard doit replanter •	• 4. scooter

2. Remets dans le bon ordre.

Remets les mots dans le bon ordre et forme des phrases.

a. de la ferme / à 20 km / est / la jardinerie.

b. places / deux / il y a / scooter / sur le.

c. pas / question / Zoé / ne / la bonne / pose.

3. Trouve l'intrus.

a. Sur le scooter, il y a **Zoé** – **Gaspard** – **Amélie**.

b. Dans le magasin il y a **des vendeurs** – **des punaises** – **des produits d'entretien**.

c. Gaspard est venu d'Alsace avec **des punaises** – **ses affaires** – **des roses de Noël**.

d. « Notre père a trouvé de nouvelles punaises » disent **Amélie** – **Marine** – **Zoé**.

4. Réponds.

Pourquoi Gaspard court-il si vite à la sortie du magasin ?

....

Gaspard soulève la main et… PAF !
Il l'écrase sur le dos de Dylan.

CHAPITRE

4 Le supermarché

Le lendemain, Gaspard et ses cousines sont au marché de Surgères, à vingt kilomètres de Benon. L'ambiance n'est pas bonne. La nouvelle de l'invasion des punaises a fait le tour des villes autour de la ferme *Les jardins bio* et les ventes sont mauvaises.

– C'est curieux, dit Marine. Nos melons ne sont pas moins bons qu'hier, mais les gens regardent nos produits d'une autre manière.

Amélie aperçoit un de ses copains de classe. Il s'appelle Dylan et travaille pendant l'été dans un supermarché de la région pour se faire de l'argent de poche. Il raconte ses journées. Mais Gaspard ne l'écoute pas, il regarde le dos du garçon. Un petit insecte remonte lentement le long du tee-shirt.

– Je crois que..., se dit-il. Il s'approche et regarde de plus près le tee-shirt de Dylan. Eh oui, c'est bien une punaise diabolique.

Gaspard soulève la main et... PAF ! Il l'écrase sur le dos de Dylan.

– AAHHH ! ÇA VA PAS LA TÊTE !

– Désolé, répond Gaspard, mais tu as ça sur le dos.

Il montre l'insecte mort dans sa main.

– Encore une ! dit Dylan. Il y en a dans la cave du magasin depuis quelques jours.

– Elles viennent d'où ? demande Amélie.

– Je ne sais pas. C'est le problème de mon patron. Bon, je retourne travailler, il m'attend et n'aime pas quand je suis en retard ! Salut !

Amélie connaît bien ce supermarché. Éric et le patron ne s'entendent pas, car ce dernier ne veut pas vendre les melons de la région : ils les trouvent trop chers.

– C'est peut-être une piste, se dit Gaspard. Il faut aller visiter ce supermarché...

Tout l'après-midi, Gaspard et ses cousines sont occupés à la ferme. Le soir, vers 21h30, Gaspard annonce qu'il va faire un tour en ville. Amélie propose de l'accompagner, mais il refuse.

– Bien sûr, dit-elle, le scooter a une place. Amuse-toi bien !

Zoé attend déjà avec son scooter, au bord de la route.

Tout est calme autour du supermarché. Ils trouvent une petite porte entrouverte à l'arrière du bâtiment. Ils entrent. Gaspard allume une

Ils trouvent une petite porte entrouverte à l'arrière du bâtiment.

lampe de poche. Il éclaire un escalier. Les marches s'enfoncent dans le noir. En bas, ils poussent la porte de la première pièce. Sur le mur, il y a une grande carte. C'est le plan de la région. Quatre zones sont coloriées en bleu et en vert. Zoé regarde attentivement :

– Les champs de melons de mon père. Et là, les champs d'Éric.

Gaspard éclaire ensuite trois grandes caisses en plastique sous une table. À l'intérieur, il y a des centaines de punaises diaboliques.

– On a trouvé le coupa... ! dit Gaspard, avant de recevoir un grand coup sur la tête.

Quand il reprend ses esprits, Gaspard a les mains et les pieds liés. À côté de lui, Zoé aussi est attachée. Un homme est assis devant eux sur une chaise. C'est le directeur du supermarché. Un gros chien noir se tient sur ses quatre pattes, à côté de lui, et grogne. Il ne les quitte pas des yeux.

– Tout doux, **Molosse**. Alors les jeunes, vous êtes curieux ?

– Pourquoi vous faites ça ? crie Zoé.

– Il y a trop de producteurs de melons dans le coin. Je vais en supprimer quatre ou cinq et ensuite, j'achète les terrains pour construire de beaux supermarchés.

Cet homme est complètement fou ! Il plonge sa main dans une caisse pleine de punaises. Une dizaine de punaises diaboliques s'accrochent sur ses doigts.

– Mes petites amies vont m'aider. Pour l'instant, je fais de petits essais, mais le 31 juillet sera un grand jour, la grande invasion !

Il secoue sa main. Les insectes tombent par terre et il les écrase avec ses pieds. Molosse les mange et **lèche** le sol.

molosse : *le nom de ce chien veut aussi dire un gros chien de garde.*
lécher : *passer la langue sur quelque chose.*

Quand il reprend ses esprits, Gaspard a les mains et les pieds liés. À côté de lui, Zoé aussi est attachée.

– Bon, je vais me débarrasser de vous maintenant.

Zoé et Gaspard sont perdus. Ils ont très peur.

L'homme sort d'une armoire deux grandes **seringues**.

– Avec ça, vous ne viendrez plus compliquer mes affaires.

Il s'approche de Zoé et lui pique le bras. Puis c'est au tour de Gaspard. Les deux jeunes gens s'endorment cinq secondes plus tard.

une seringue : *un instrument avec une aiguille pour mettre un liquide dans le corps.*

COMPRENDRE

1. Réponds aux questions.

a. Qui travaille dans un supermarché de la région ?
C'est ....

b. Qui écrase une punaise sur le dos de Dylan ?
C'est ....

c. Qui entre la nuit dans le supermarché ?
Ce sont ....

d. Qui est assis devant Zoé et Gaspard sur une chaise ?
C'est ....

e. Qui est sur ses quatre pattes devant Zoé et Gaspard ?
C'est ....

2. Relie le début et la fin des phrases.

a. Dylan crie, •	• 1. car il reçoit un coup sur la tête.
b. Amélie ne vient pas, •	• 2. pour manger des punaises.
c. Gaspard ne termine pas sa phrase, •	• 3. en cinq secondes.
d. Molosse lèche le sol •	• 4. car Gaspard lui tape dans le dos.
e. Zoé et Gaspard s'endorment •	• 5. car le scooter a deux places.

3. Vrai ou faux ?

	V	F
a. Gaspard met une punaise sur le dos de Dylan.	☐	☐
b. Éric est un grand ami du directeur du supermarché.	☐	☐
c. Zoé et Gaspard font des courses au supermarché.	☐	☐

CHAPITRE 5 Pas de souvenir ?

Gaspard ouvre les yeux. Il a froid. Où est-il ? Il regarde autour de lui. Il y a du sable et la mer. Il est sur une plage. Zoé se réveille à son tour :

– On est où ?

Gaspard ne sait pas répondre à sa question. Zoé, elle, reconnaît la plage des Minimes à La Rochelle. Mais que font-ils là ? Ils ne se souviennent de rien. Ils ont tous les deux froid et mal à la tête. Ils retrouvent le scooter devant une boulangerie, juste en face de la plage.

– On est venus jusqu'ici en scooter hier soir ? demande Zoé.

– Je ne sais pas. Tu peux conduire ?

– Oui, ça ira. Mais mangeons quelque chose avant.

Ils entrent dans la boulangerie.

– Bonjour, les jeunes ! Ouh là, vous n'avez pas l'air en forme. Vous avez fait la fête toute la nuit ? Vous avez raison. Moi, à votre âge...

– Deux croissants et deux pains au chocolat, s'il vous plaît, le coupe Gaspard.

– Et deux chocolats chauds à emporter aussi, complète Zoé.

Ils s'installent sur un banc. Tous les deux **sont dans le brouillard**.

– Qu'est ce qui s'est passé hier soir ? demande Gaspard.

– Je ne me souviens de rien.

Une demi-heure plus tard, Zoé dépose Gaspard devant *Les jardins bio*. Gaspard prend une grande respiration et dit :

– C'est chouette d'être avec toi. Enfin, là, c'est curieux... mais... sinon... j'aime bien te voir.

– Moi aussi et...

Gaspard l'embrasse sans lui laisser terminer sa phrase.

– Repose-toi bien, dit-il ensuite. Je vais me cou... Oh, non, il y a un marché ce matin !

Quand Gaspard pousse la porte de la cuisine, Aude, Éric et leurs filles poussent un grand cri.

– Ah, voilà le grand séducteur, dit Éric. C'est une heure pour rentrer ?

être dans le brouillard : *ne pas comprendre la situation.*

– Vous vous êtes bien amusés ? demande Aude. La prochaine fois, appelle-nous quand tu rentres tard.

– Laissez-le tranquille, dit Marine. Il n'a plus dix ans… Un café pour te réveiller ? On part dans dix minutes.

Gaspard passe une matinée horrible. Il ne tient pas debout. Amélie s'occupe du *vélo-melon* et il reste au stand avec Marine. Mais, au bout d'une heure, il monte dans la camionnette et s'endort.

Quand il se réveille, le véhicule est garé dans la cour de la ferme. Il est trois heures de l'après-midi. Il rentre dans la maison et demande à ses cousines de l'excuser. Il leur explique la situation. Elles ne peuvent pas beaucoup l'aider :

– Tu es parti de la maison vers 21 heures pour « aller faire un tour en ville », dit Amélie. A priori, tu avais rendez-vous avec Zoé. Ensuite... mystère !

Pendant une semaine, Gaspard et Zoé abandonnent l'enquête, car ils n'arrivent pas à réfléchir. Ils sont toujours dans le brouillard.

Puis, le 31 juillet arrive. C'est le dernier jour de travail de Gaspard à la ferme. Le soir, Zoé et lui font un tour en scooter jusqu'à la plage des Minimes. Ils s'assoient sur le sable.

– C'est un grand jour, dit Zoé, ton dernier jour ici. Tu pars quand ?

– J'ai un billet de train pour demain, mais... Qu'as-tu dit ?

Zoé **répète** « C'est un grand jour ». La phrase rappelle quelque chose à Gaspard. Mais quoi ?

À ce moment-là, une femme passe avec son chien devant eux.

répéter : *dire à nouveau ; dire une autre fois.*

L'animal saute pour attraper des petites mouches.

L'animal saute pour attraper des petites mouches.

– Arrête, **Beaugosse** ! Oh, ce chien… Il mange tous les insectes ! Parfois, il lèche le sol pour manger des araignées. Un vrai **aspirateur** !

Zoé regarde la dame s'éloigner et dit :

– Beaugosse, un drôle de nom pour un chien, surtout qu'il est énorme, un vrai molosse.

– Qu'as-tu dit ? demande Gaspard.

Zoé soupire : il faut tout répéter !

Gaspard se prend la tête entre les mains. Tout devient clair dans son esprit.

– Ça y est, je me souviens ! Le chien Molosse, les insectes par terre, le 31 juillet, ce sera un grand jour… Le supermarché ! L'invasion est pour ce soir ! Viens !

beaugosse : *un beau gosse est un jeune homme beau ou bien habillé en langage familier.*
un aspirateur : *un appareil qui enlève la poussière.*

COMPRENDRE

1. Remets les phrases dans l'ordre.

a. Gaspard s'endort dans la camionnette.
b. Gaspard et Zoé vont sur la plage des Minimes, le 31 juillet.
c. Gaspard et Zoé abandonnent l'enquête.
d. Gaspard embrasse Zoé.
e. Gaspard se souvient de tout !
f. Gaspard et Zoé se réveillent sur la plage.

2. Corrige les parties soulignées du résumé.

Zoé et Gaspard se réveillent dans le supermarché. Ils vont dans une boucherie. Zoé se souvient de tout. Quand ils arrivent à la ferme, Gaspard donne un coup à Zoé. Le 31 décembre, ils vont à la plage. Un monsieur passe devant eux avec son chat. Il s'appelle Molosse. Gaspard se souvient ! L'invasion des punaises est pour demain.

3. À ton avis ?

a. Pourquoi Zoé et Gaspard ne se souviennent de rien ?

....

b. Pourquoi Gaspard prend une grande respiration avant de parler à Zoé ?

....

c. Gaspard est-il content d'aller au marché ce matin ?

....

d. Pourquoi la femme parle d'un « aspirateur » ?

....

Il grogne un peu plus, puis se jette sur la jeune fille.

CHAPITRE

6 La grande invasion

– Appelons la gendarmerie ! dit Zoé.

– On n'a pas le temps, répond Gaspard.

Il est 23 heures et les deux amis sont devant le supermarché. Ils entrent dans le bâtiment par la petite porte à l'arrière. Tout est calme et noir. Gaspard utilise son téléphone comme lampe de poche. Ils descendent l'escalier et entrent dans le petit bureau. Les caisses de punaises ne sont plus là. Gaspard cherche un **interrupteur** et allume la lumière.

– Regarde la carte, dit Zoé, il y a de nouvelles zones coloriées.

– Il va mettre des punaises partout ce soir, c'est la catastrophe. Il faut le trouver.

– Il y a une grande flèche avec la date d'aujourd'hui sur ce champ, il doit être là-bas. Allons-y.

Ils veulent quitter la pièce, mais Molosse est devant la porte. Le gros chien ouvre la **gueule** et montre ses

un interrupteur : *un bouton pour allumer et éteindre une lumière.*
une gueule : *la bouche de certains animaux.*

grandes dents. Zoé voit une seringue sur le bureau. Elle approche doucement sa main. Les yeux du chien la suivent. Il grogne un peu plus, puis se jette sur la jeune fille. Zoé se couche sur le bureau, attrape la seringue et l'enfonce dans le ventre de l'animal. Il **aboie** plusieurs fois avant de s'endormir d'un coup.

– Zoé, ça va ? Ouah ! Tu as fait fort !

Vingt minutes plus tard, ils arrivent près de la zone indiquée par la carte. Ils laissent le scooter et terminent à pied pour ne pas faire de bruit. La nuit est magnifique et la lune éclaire le paysage presque comme en plein jour. Le directeur du supermarché est devant le champ. Il a les deux caisses en plastique à côté de lui. Gaspard et Zoé s'avancent avec l'idée de lui sauter dessus par surprise. Ils sont à deux mètres de lui quand l'homme se retourne. Il a un pistolet dans la main.

– Stop ! crie-t-il. Oh non, pas encore vous ! Pourquoi ne vous ai-je pas tués ? Ma gentillesse va me perdre.

– Les gendarmes vont bientôt arriver, dit Zoé.

– Mais ce sera trop tard, je ne vais pas faire deux fois la même erreur.

aboyer : *crier pour un chien.*

Gaspard aperçoit une punaise dans les cheveux de l'homme. Cette fois-ci, il ne peut pas l'écraser avec sa main... Mais l'insecte descend, arrive sur le front, passe sous les lunettes et s'approche de l'œil droit.

– Aïe, qu'est-ce que c'est que ça ? dit l'homme.

Il baisse un instant son arme et se frotte l'œil. Cela suffit à Gaspard pour s'élancer vers lui et le pousser. L'homme tombe lourdement sur le sol. Zoé se jette sur lui et enfonce une seringue dans sa jambe :

– Tel chien, tel maître ! crie-t-elle.

L'homme s'endort aussitôt.

– Eh bien, tu es vraiment trop forte ! Tu as eu une bonne idée de prendre une autre seringue, bravo ! Maintenant, on peut appeler les gendarmes.

– Merci commissaire, répond Zoé, avec un grand sourire.

Le lendemain, l'affaire fait **la une** des journaux. Gaspard et Zoé ont leur photo en première page et de nombreux articles parlent de leur **exploit**.

Le soir, la famille Laterre dîne chez ses voisins, la famille Pila. C'est la première fois depuis trois ans. Tout le monde est de bonne humeur. L'invasion des punaises est oubliée, Éric et Bertrand ont réglé leur problème et ils ont une belle idée : travailler main dans la main avec le futur directeur du supermarché pour défendre la production locale de fruits et légumes. Les punaises ont vraiment du bon !

Gaspard se lève et dit :

– Comme nous sommes dans les projets, j'ai une idée moi aussi : fabriquer de nouveaux *vélos-melons*.

Tout le monde applaudit.

– Mais on va devoir attendre l'année prochaine, dit Éric. Tu repars bien demain ?

la une : *la première page d'un journal.*
un exploit : *une action extraordinaire.*

– Justement… si vous m'acceptez encore un peu, je peux rester un mois de plus pour les fabriquer.

– C'est gentil de rester plus longtemps pour le travail, dit Aude. C'est la seule raison ?

Gaspard n'a pas besoin de répondre, tout le monde a compris !

COMPRENDRE

1. Réponds aux questions.

a. Comment Gaspard et Zoé trouvent le directeur du supermarché ?
b. Pourquoi Zoé dit-elle « Tel chien, tel maître » ?
c. Pour quelle autre raison Gaspard veut rester ?

2. Vrai ou faux ?

	V	F
a. Gaspard n'appelle pas la police, car il n'a pas le numéro.		
b. Molosse laisse passer gentiment les deux jeunes.		
c. Zoé et Gaspard laissent le scooter pour ne pas faire de bruit.		
d. Il y a une punaise dans le dos du directeur.		
e. Zoé endort le directeur avec un coup sur la tête.		
f. Gaspard va fabriquer de nouveaux *vélos-melons*.		

3. Qui fait quoi ?

a. .... montre ses grandes dents.
b. .... enfonce la seringue dans le ventre de Molosse.
c. .... a un pistolet dans la main.
d. .... reste encore un mois à la ferme *Les jardins bio*.

4. Donne un autre titre au chapitre.

a. C'est la catastrophe !
b. Tout est bien qui finit bien.
c. L'enquête continue.

DISCUTER

1. Réfléchis...

Qui est pour toi le (s) personnage (s) principal (aux) de l'histoire ? Pourquoi ?

2. Écris...

a. Tu es journaliste. Écris un article pour raconter « l'affaire des punaises diaboliques ».
b. Imagine un échange de messages entre Gaspard et Zoé, après les vacances d'été.

3. Parle...

a. Le *vélo-melon* de Gaspard est-il une bonne idée ? Pourquoi ? Imagine d'autres inventions pour l'aider à vendre les melons.
b. Tu travailles pendant tes vacances ? Raconte une de tes journées de travail.

4. Discute...

Est-ce une bonne idée de « défendre la production locale de fruits et légumes » ? Pourquoi ?

Et toi, achètes-tu des produits locaux ? Lesquels ?

CORRIGÉS

Page 11

1. a. Strasbourg ; b. melons ; c. le *vélo-melon* ; d. commissaire ; e. amie.
2. a. Gaspard : il veut attirer les clients ; b. Marine : elle demande à Gaspard de travailler à la ferme. ; c. Zoé : elle trouve Gaspard très mignon. d. Éric Laterre : des bêtes sont en train de manger ses melons.
3. vacances, ferme, cousine, vie, catastrophe, bêtes
4. Qui veut détruire notre récolte et notre ferme ? Car quelqu'un a mis les punaises exprès pour détruire ses champs de melons.

Page 18

1. a. vrai ; b. faux ; c. vrai ; d. vrai ; e. faux ; f. vrai.
2. b ; d ; c ; a.
3. a. mètres ; b. minutes ; c. heures ; d. cool.

Page 25

1. a. 4 ; b. 1 ; c. 2 ; d. 3
2. a. La jardinerie est à 20 km de la ferme ; b. Il y a deux places sur le scooter ; c. Zoé ne pose pas la bonne question.
3. a. Amélie ; b. des punaises ; c. punaises. ; d. Zoé.
4. Il veut vite aller à la ferme voir s'il n'a pas apporté des punaises avec lui d'Alsace.

Page 32

1. a. Dylan ; b. Gaspard ; c. Zoé et Gaspard ; d. le directeur du supermarché ; e. Molosse, le chien.
2. a. 4 ; b. 5 ; c. 1 ; d. 2 ; e. 3.
3. a. faux ; b. faux ; c. faux.

Page 39

1. f ; d ; a ; c ; b ; e
2. sur la plage ; boulangerie ; ne se souvient de rien ; embrasse ; juillet ; Une femme ; chien. ; Beaugosse ; ce soir.
3. a. Le directeur du supermarché les a piqués avec une seringue remplie d'un produit qui fait perdre la mémoire. b. Il est timide et a peur de lui dire qu'il l'aime bien. c. Non, il veut dormir. d. Car son chien lèche le sol pour ramasser les insectes, comme un aspirateur.

Page 46

1. a. Il y a, sur une zone du plan, une flèche et la date d'aujourd'hui ; b. Car elle a endormi le chien avec une seringue et, elle va faire la même chose à son maître ; c. Il veut rester pour voir Zoé.
2. a. faux ; b. faux ; c. vrai ; d. faux ; e. faux ; f. vrai.
3. a. Molosse ; b. Zoé ; c. le directeur du supermarché ; d. Gaspard.
4. b

N° d'éditeur : 10250128
Imprimé en France en février 2019 par Clerc à Saint-Amand-Montrond